◆印は不明確な年号、ころの意味です。

ア		日本の動き	西暦
◆	メソポタミア文明	原縄	紀元前3000
◆	インダス文明		
◆	中国（黄河）文明		
1728 ◆	古バビロニア		
◆	ヒッタイト王国全盛	始文	
1600 ◆	中国＝殷王朝はじまる（―前1050◆）		
1027 ◆	中国＝周王朝はじまる（―前770）封建制をしく		
◆	アーリア人ガンジス川流域へ移住		前1000
950 ◆	古代イスラエル王国全盛　ダビデ王、ソロモン王	時文	
770	中国＝東周が成立　春秋時代はじまる		
700 ◆	アッシリア、オリエントを統一		
566 ◆	シャカ生まれる　551◆　孔子生まれる	代化	
525	ペルシア帝国（アケメネス朝）オリエントを統一		
522	ダレイオス1世即位　ペルシア全盛をむかえる		
◆	仏教（インド）、儒教（中国）おこる		
◆	中国＝諸子百家の時代　孟子、老子、荘子など活躍		
403	中国＝戦国時代はじまる		
330	ペルシア帝国滅亡		
326	中国＝周が東西に分裂して勢力を失う		
317 ◆	チャンドラグプタ即位　インド＝マウリア朝成立		
◆	アショカ王インドをほぼ統一　仏教を保護する	小国家が成立 弥生文化	前300
221	始皇帝、中国を統一して秦を建国　郡県制をしく		
209	匈奴の冒頓単于が強大となる		
202	劉邦（高祖）項羽を破って前漢を建てる		
141	武帝即位　前漢の全盛期をむかえる		
138 ◆	張騫、西域に旅行		
93 ◆	司馬遷死		
87	武帝死		前1

目　次

シャカ	文・有吉忠行 絵・岩本暁顕	6
孔　子	文・有吉忠行 絵・岩本暁顕	20
ソクラテス	文・有吉忠行 絵・岩本暁顕	34

モーゼ	文 上林　繁　絵 岩本暁顕	48
ピタゴラス	文 有吉忠行　絵 岩本暁顕	50
プラトンとアリストテレス	文 有吉忠行	52
アルキメデス	文 上林　繁　絵 高山　洋	54
始皇帝	文 加藤貞治　絵 岩本暁顕	56
武　帝	文 有吉忠行　絵 岩本暁顕	58
張　騫	文 加藤貞治　絵 岩本暁顕	60
読書の手びき	文 子ども文化研究所	62

せかい伝記図書館 1

シャカ
孔　子
ソクラテス

いずみ書房

シャカ
（前566ころ—前486ころ）

王子として生まれながら、人間の苦しみや不幸を救おうとして出家、仏教を開いた。

● 王子のくらい顔

ヒマラヤのふもとに、太陽の光が、まばゆくふりそそぐ春の日のことです。

たねをまくために、農民が牛にすきをつけて田をたがやしているのを、王と王子とけらいが、大きな木のかげでながめていました。

黒い土が掘りおこされると、土の中から小さな虫がでてきます。すると、まちかまえていたように飛んできた鳥が、かたはしから虫をひとのみにしてしまいました。ところが、これを見ていたけらいが、弓に矢をつがえて、あっというまに、その鳥を殺してしまいました。

王は、けらいをほめました。しかし王子は、そっと木かげをはなれて、ひとりで森へ入って行きました。

「やっと冬眠からさめたばかりなのに虫は鳥にたべら

れ、鳥は人間に殺されてしまう。生きているものどうしが、どうして、あんなことをするのだろうか」

王子は、たまらなく悲しくなってしまったのです。

王も、けらいも、元気のない王子のうしろすがたを見て心配しました。でも、王子の気持ちは、だれにもわかりませんでした。

この心のやさしい王子は、名を、シッダッタといいました。のちのシャカです。

シッダッタは、いまから2500年以上まえ、インドの北部にある釈迦国で生まれました。

「王子は、世界をおさめる大王か、すべての人びとを、苦しみからすくうお方になられます」

生まれたばかりの王子を見て、有名なうらない師がこういいました。ところが母のマーヤーは、わが子をしっかりとだきしめることもないまま7日ごに亡くなり、シッダッタは、マーヤーの妹のマハープラジャーパティーに育てられることになってしまいました。

シッダッタは、うらない師が予言したとおり、たいへんかしこく、12歳のころには国王になるための学問を、すべて習いおぼえてしまいました。武芸も、国じゅうのだれにも負けないほどになりました。でも、ほんとうは、弓をいることも剣をふりまわすことも、楽しいことではありませんでした。人と人が戦うことを学ぶよりも、ひとりで、しずかに考えごとをしているほうがすきでした。

●苦しみにうちかつために

シッダッタは、19歳のとき、国じゅうでいちばん美しいヤソーダラー姫と結婚しました。

冬でも春のようにあたたかく、夏は秋のようにすずしい宮殿には、いつも音楽がしずかにながれています。庭には色とりどりの花がさきみだれ、うっとりするような香りをはなっています。けらいたちは心からつかえ、シッ

ダッタは不自由なことはなにひとつありません。
　ところが、シッダッタは、あまりしあわせそうではありませんでした。それどころか、だれとも口をきかずに考えこむことがおおくなりました。
「自分だけが、こんな生活をしていて、よいのだろうか。みんなは王やわたしに頭をさげるけれども、町の人たちとわたしは、どこがちがうのだろうか。人間は、どのように生きるのが、いちばん正しいのだろうか」
　考えれば考えるほど、ぎもんが深まり、わからないことばかりになってしまうのです。
「王子さまは、いつも、ふさぎこんでおられる。うらや

ましいご身分なのに、なぜだろうか」
　人びとは、ふしぎでしかたがありませんでした。

　このころの伝説に、つぎのような話が残っています。
　ある日、シッダッタは、白馬に車をひかせて宮殿の東の門から町へでかけました。すると、道ばたのやせおとろえた老人が目にとまりました。老人は、つえにすがって、やっと立っています。目は落ちこみ、かみはまっ白です。息はあらく苦しそうです。
　これを見たシッダッタは、そのまま宮殿へひき返して、へやにとじこもってしまいました。
　それから数日ご、こんどは南の門から町へでると、道ばたにたおれている病人にであい、さらに数日ごに西の門からでると、そう式の列にであいました。そしてこのときも宮殿へ帰ると、いく日も考えつづけました。
「人間は、だれでも、老人になること、病気にかかること、そして死ぬことから、のがれることはできない。これは、人間みんなの苦しみなのだ。でも、この苦しみにうちかつ道はないのだろうか」
　シッダッタは、老・病・死が、こわくなったのではありません。この苦しみをのり越えるための、人間の強い生きかたを、さがし求めたのです。

　ところが、この苦しみをのり越える道は、やがて北の門から町へでたときにみつかりました。
「自分の、欲をすてればよい。欲さえ消えれば苦しいことも悲しいこともなくなる」
　ひとりのおぼうさんが、このように教えてくれたのです。おぼうさんは、そまつな衣をまとい、足ははだしでした。でも、目は、清らかに深くすんでいました。王子のまえでも、おそれるようなこともありませんでした。
「あの、おぼうさんのすがたこそ、わたしが求めていたものだ」
　シッダッタは、目のまえが急に明るくなりました。そ

して、王子の位も、ぜいたくな暮らしもすてて、1日も早く出家することを心にちかいました。

「わたしは、さとりをひらくために旅にでます」
　王は、わが子の決心を聞いてなげき悲しみ、なみだをながして、国王のあとをついでくれることをたのみました。しかし、シッダッタの考えは、もうかわりませんでした。でも、あとつぎがいなくなれば国がほろびてしまうという王の悲しみだけは、よくわかりました。
「父の、これまでの深い愛情には感謝しなければならない。妻が、わたしにかわって王位をついでくれる男の子を産んでくれるまでまとう」
　シッダッタは、あせる気持ちをおさえて、その日のくるのをまつことにしました。

●国をすて父や妻と別れて

　シッダッタは、月の美しい夜、白馬にまたがってこっそりと宮殿に別れをつげました。まっていた男の子が生まれたのです。
「さとりをひらくまでは、けっしてもどらないぞ」
　馬は、東へむかって走りつづけました。たづなをにぎったシッダッタは、29歳になっていました。

　シッダッタは、頭をまるめて、行者たちが修行をしている村へ行きました。
　バラのとげの上にすわっているものがいます。土にうまり、顔だけをだしているものがいます。火にあぶられて熱さにたえているものも、さかさまに木につりさげられているものも、片足で立ちつづけているものもいます。みんな苦しそうです。
「どうして、こんなことをするのですか」
　シッダッタは、行者のひとりにたずねました。
「そんなことも、わからないのか。いまこうして苦しんでおけば、生まれかわるときに天国へ行けるのだ。おま

えは、この修行を見てこわくなったのだろう」

行者は、シッダッタをばかにして笑いました。

シッダッタは、がっかりしました。この行者たちは、自分のために苦しんでいるだけです。しあわせになりたいという欲も、まだ、すててはいません。

シッダッタは、かわいそうな人たちだ、と心のなかでつぶやきながら、りっぱな行者をさがして、また旅にでました。しかし、どこへ行っても、さとりをひらく道を教えてくれる行者にはであえませんでした。そして最後に考えついたのは「人をたよりにしていてはいけない。さとりをひらくためには、自分自身で修行しなければだめだ」ということでした。

それからというもの、シッダッタは、丘の大きな木の下にすわりつづけました。食べるものは、1日にひとつぶの米と、ひとつぶのゴマだけでした。

やがて、6年たちました。シッダッタのからだはミイラのようになり、生きているのか死んでいるのか、自分でもわからないほどになってしまいました。でも悲しいことに、まだ、さとりをひらくことはできませんでした。

● 心のなかの悪魔との戦い

ある日、シッダッタは、ひとつのことに気がつきまし

た。それは、このままからだがおとろえて、死んでしまってはなにもならない、ということでした。
「修行をつづけるためには、まず、なによりも生きなければならない」
　シッダッタは、川の水でからだを洗い清め、村の少女がめぐんでくれた牛のちちを飲みました。そして、からだが回復するのをまって、やがてボダイジュの下にすわり、ふたたび、両手をくみあわせて目をとじました。
　シッダッタの顔から、苦行をしていたときの苦しみは消えていました。しかし、心のなかでは、さとりをひらくための悪魔との戦いがくり広げられていました。

悪魔は、シッダッタがさとりをひらくのをじゃまするために、さまざまな手を使っておそいかかってきました。
　まず、おぼうさんにばけてやってくると、ここには悪魔がいるから修行をやめてでて行くようにいいました。でもシッダッタのからだは、みじんも動きませんでした。
　つぎには、3人の美しいむすめを近づけて、酒や歌やおどりで、ゆうわくしようとしました。しかしむすめたちは、シッダッタの前までくると、たちまち、みにくい老女にかわってしまいました。
　おこった悪魔は、こんどは悪魔の大軍を集めてしのびより、口から火をふき、剣をふりあげ、矢をはなちました。でも、シッダッタは、やはりびくともしません。火のかたまりも矢も、シッダッタのまわりまでくると、みんな美しい花にかわってしまいました。
　悪魔は、まだあきらめず、最後に、あらしをよびました。まっくらになった空にいなずまが走り、大地はぐらぐらっとゆらぎ、木が、ごうごうと鳴ります。しかし、シッダッタは、まゆひとつ動かしません。そして、やがて大地に大きな穴があいたと思うと、悪魔たちは、その中にすいこまれてしまいました。
　すると、そのときです。
　シッダッタの心に、ひとすじの光がさしこみました。

からだが、空に舞いあがるようにかるくなりました。
「そうだ、心にまよいがあってはいけないのだ。自分のことを、すべて忘れてしまえばよいのだ」

そっと目をひらいたシッダッタは、はじめて、さとりをひらいていました。

こうして、のちにシャカとよばれるようになった釈迦国の王子は、仏陀への道をきわめました。

このときシャカは、35歳でした。

●世界の人びとをすくう

「自分のさとりを、苦しんでいるおおくの人びとのため

に役だてよう」

　シャカは、国ぐにをめぐる旅にでました。そして、まずしい人にも、だれも近よらない病人にも、苦しみにうちかつ心のもちかたを、やさしく語りかけながら歩きつづけました。

　やがて、シャカの名がインドじゅうに知れわたり、弟子の数も1000人を超えるようになったころ、ふるさとの釈迦国にも立ちよりました。

　父も、むかしのけらいたちも、王子が予言どおりにすばらしい仏陀になっていることは知っていました。でも、このとき父は、わが子のすがたが、あまりにもみすぼらしいのにおどろきました。また、ほんとうにひさしぶりにあえたというのに、シッダッタがうれしそうな顔ひとつしないのには、がっかりしてしまいました。

　父には、自分だけのよろこびをすべてすててしまったシャカの心が、わからなかったからです。しかし、ひとたびシャカの教えを聞くと、感げきにふるえて、わが子の出家をたたえました。

「人間のねうちは、お金があることや、地位が高いことできまるものではありません。心の美しさできまるのです。自分のことばかり考えてはいけません」

　町の人たちも、むかしの王子が、家いえでものごいを

しながら教えを説くすがたに心をうたれ、おおくの人が弟子に加わりました。

　シャカは、そのご40年ちかくも人間の心のしあわせを説きつづけ、80歳のときに旅のとちゅうでなくなりました。しかし、かぎりなく深い教えは弟子たちに受けつがれ、仏教として世界に広まりました。そして、この仏教は、いまからおよそ1500年ほどまえに日本にも伝わり、日本人の心のささえとなって根をおろしてきました。

　仏教を、死者のためのものだと思っている人が少なくありません。でもほんとうは、生きている人のためのものです。シャカは、人間の生きかたを説いたのですから。

孔子

（前551―前479）

国と国、人と人との対立が深まる時代のなかで、平和と人間の尊重を説いた人。

●3歳のとき父と死に別れて

　元気のない男に、老人がたずねました。
「どこか、からだが悪いのですか」
　すると、男は、悲しそうなこえで、答えました。
「いいえ、からだは、どこも悪くはありません。自分の力がたりないのが、くやしくてしかたがないのです。そのうえ、あやまちを、おかしてしまいました」
　これを聞いた老人は、男の目をみつめながら、しずかに口をひらきました。
「自分に力があるかないかは、ほんとうに全力をつくしてみて、はじめてわかるものです。あなたは、それをしましたか。力のかぎり努力もしないうちから、自分はだめだと思うのは、たいへんはずかしいことですよ。それに、あやまちは、だれにでもあるものです。あやまちを

おかさない人間なんて、ひとりもいません。あやまちをおかしたら、あやまって改めればよいのです。あやまちを改めないことこそ、ほんとうのあやまちですよ」
　耳をかたむけていた男の目から、ひとすじのなみだがこぼれました。男が、このときの老人が孔子だったことを知ったのは、それからずっとあとのことでした。

　孔子は、中国の魯という国で生まれました。紀元前551年、いまから2500年以上まえのことです。
　父は、戦争でなんどもてがらをたてた勇かんな武士でした。母は、争いごとをにくむ、気だてのやさしい人で

した。

　孔子が生まれたとき、父も母も、すこしびっくりしました。赤んぼうの頭のまん中がぽこんとくぼみ、まわりが丘のようになっていたのです。

「この子は、いまに、りっぱな人に育つぞ」

　おいわいにきた人びとは、赤んぼうのふしぎな頭を見て、みんなこういいました。

　それから３年めに父は亡くなり、おさない孔子は、母の手ひとつで育てられることになってしまいました。

●子どものころからすきだった学問

　生涯を、人の生きかたや国のおさめかたを考えることにつくした孔子は、学校に入るまえから、自分は学問の道に進むことを心にきめていました。

　武士の子だというのに、子どものころから活発なあそびにはほとんど見向きもしないで、おとなたちが神にそなえものをささげたり、おたがいにあいさつをかわしたりするのをまねして、礼儀作法を学んですごすことのほうがおおかったということです。

　学校へは、13歳のころから行き始めました。学校といっても、村の年よりたちが、むかしから伝わっていることや、祖先を祭ることや、人間として守らなければな

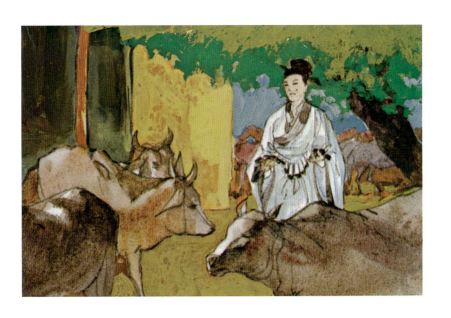

らないことなどを、話して聞かせるだけのものでした。
紙が発明される約600年もまえのことですから、もちろん、教科書などありませんでした。
「あの子は、ほんとうに、ものおぼえのよい子だ。でも、わからないことがあると、しつこく聞かれるのには、まったくかなわないよ」
　村の人びとは、孔子が近よってくると逃げだしました。しかし、ねっしんさには、だれもが感心していました。
　17歳のとき、役人になりました。はじめは倉庫係、そのつぎは牛や馬のせわをする役でした。
「どんな仕事にも価値がある。人間は、心がけひとつで、

どんなことからでも学ぶことができる」

このように信じていた孔子は、人がいやがる仕事でも、しんけんにはたらきました。

少しでもわからないことがあれば、どんな人にも頭をさげて教わりました。孔子には、まわりの人たちみんなが先生でした。だれからでも、なにかを学ぶことができたからです。

「朝に道を聞かば、夕に死すとも可なり」

この有名なことばのとおり、孔子は、朝、なにかを学んでほんとうのことを知ることができたら、夕方には、もう死んでもかまわない、というほどに、学ぶことをたいせつにしました。

そのかいがあって、20歳のころから、いつのまにか自分が村の人たちに教えるようになり、やがて3年もすると、たくさんの弟子もできていました。どんなに学問ができても、けっしてじまんすることのない孔子を、まわりの人たちが心からしたうようになったからです。

ところが24歳になったある日、悲しいことがおとずれました。母が亡くなってしまったのです。

「親孝行は、親をやしないさえすればよいものではない。親をうやまう気持ちがなければ、どんなにぜいたくをさせてあげても、それは孝行とはいえない」

　いつもこう思っていた孔子は、心から尊敬していた母を失ったのを悲しみ、人よりも大きなからだをふるわせて泣きました。孔子は、のちにどんなにえらくなっても、人のためにほんとうに悲しむときは、いつのまにか、大きな声で泣いてしまうことがありました。人の悲しみには、いつもいっしょになって、なみだをながしたのです。

●人の気持ちを考えるやさしい心

　孔子は、36歳のとき、国をにげだした君主のあとを追って、となりの斉の国へわたりました。魯の政治が、力で国をおさめようとする貴族たちによって、みだされ

てしまったからです。

　孔子は、人の正しい道をふみはずした争いごとはきらいでした。しかし、争いや暴力を、ただおそれたのではありません。

　ある日、武芸じまんの男がやってきたときのことです。
「孔子は、口ではえらそうなことをいっているが、どきょうなどないにちがいない。ひとつおどかしてやろう」
　男は、剣をぬき、まるで孔子にきりかかるようにして、舞いを始めました。剣の先は、孔子の胸に突きささらんばかりです。

　ところが、孔子は、へいぜんとしています。孔子には、男がからいばりをしていることが、初めからわかっていました。
「自分の身をほんとうに守ることができるものは、他人への愛だ。愛の心にみちているものには、剣などこわくはない。どんなときにも、剣は必要ないのだ」
　孔子は、しずかに、男に語りかけました。すると男は、おどるのをやめてひざまずき、その場で剣をすてて弟子になりました。

　生涯をとおして、孔子が、もっともたいせつにしたことばは「仁」です。
　いろいろな人びとから、問われました。

「仁とは、どんなことですか」
　すると、孔子は、やさしい目をして答えました。
「仁とは、人を愛することだ。人を愛することを知れば、自分のいいたいことを主張するときも、人のたちばを考えることができるようになる」
　孔子は、人とまじわるときは人の気持ちをたいせつにしました。だから、たくさんの政治家から、国をおさめるために、いちばんたいせつなことは何か、と聞かれたときは、国民をだいじにすることだ、と答えました。
　火事で、孔子がかわいがっていた馬が焼け死んだことがありました。このとき孔子は、馬を助けられなかった

ことをわびる弟子たちに、だれかけがをしたものはいないか、とたずねました。そして、みんなが無事だったことを知ると、それはよかった、といって、馬のことはひとことも口にしませんでした。

孔子は、焼け死んだ馬など、どうでもよいと思ったのではありません。馬には火事で死なせたことを心のなかでわびをいい、あとは、弟子たちのからだのことだけを心配したのです。

● 学校を建て、のちには大臣に

数年たって斉から魯へもどると、孔子は、学校をつくりました。いまでいえば、私立学校です。

古くから学問が発達していた中国には、そのころすでに国がつくった大学がありました。しかし、その大学へ入れるのは、身分の高い貴族だけにかぎられていました。

そこで孔子は、だれでも入学できる、だれでも学べる学校を建てたのです。

孔子は、入学してきた人びとには、わけへだてなく、これまで貴族しか学べなかった学問を教えました。とくに、人間が心ゆたかに生きていくうえで必要なことや、社会で守らなければならないことを、深く教えました。

「かりに、人間の知能に生まれつきの差があっても、心

のやさしい人間らしい人間になることは、だれにでもできる。また、人に尊敬される人間になることもできる」
　孔子は、このように信じて、ひとりでもおおく、人間としてりっぱな人になってもらうことをねがい、できるだけたくさんの人たちと学ぼうとしたのです。
　やがて、町長から魯の国の大臣にまでなった孔子は、正しい政治のためにも力をつくしました。
　このころの中国で、貴族でもないものが、大臣になるようなことは、ほんとうは考えられないことでした。ところが、みだれていた町をりっぱにおさめたことが国じゅうでひょうばんになり、貴族たちが、孔子に国のお

さめかたを学ぶようになったのです。
「法律やきびしい規則だけで、人びとをしたがわせようとしても、国はよくならない。それよりも、人びとに、正しい考えで正しい行動をしてもらうようにすることのほうが、たいせつだ。そのかわり、命令をくだす政治家自身が正しくなければ、国民は、けっして、いうことをきかない」

　孔子は、こんなことを、政治家たちに説きつづけました。このころの中国は春秋時代とよばれ、どこの国でも武力中心の政治がおこなわれて、国がみだれていました。だから孔子は、国を栄えさせるために、まず国を平和にしなければいけない、と考えたのです。
　ところが、思いがけないことが起こりました。
　魯の国が発展していくことをおそれた斉国が、孔子を追いだして、魯をみだれさせようと、たくらんだのです。
　斉国は、きれいな女の芸人を魯の国にたくさんおくりこみ、魯の大臣たちに、孔子の意見には耳をかたむけないようにいわせました。すると、魯の国の政治はたちまちみだれ始め、孔子は、ついに、ふたたび国を逃げださなければならないように、なってしまいました。
　孔子は、弟子たちをつれて、それから14年にもわたる長い旅にでました。

●世のなかに正しいことを

　54歳にもなってからの旅は、孔子には、たいへんつらいものでした。戦争に勝つことばかりを考えている世のなかでは、孔子を、あたたかく迎えてくれる国はなかったからです。それどころか、孔子の意見を聞いて平和な政治がおこなわれてはこまるというので、孔子と弟子たちを殺してしまおうというものさえ、あらわれました。

　しかし、孔子は、どんなときにもあわてませんでした。
「君子にだって、だれにだって、困りはててしまうことはあるものだ。でも、そのとき、あわてるか、あわてな

いかが、人間ができていないものと君子とのちがいだ」
　孔子は、強い信念をもつことを弟子たちに教えながら、国ぐにをまわりました。
　あるところで、よごれきった世のなかをすて、山のなかでひっそりくらしている老人にあいました。すると孔子は、めずらしくおこったような口ぶりでいいました。
「いやな世のなかからにげて、自分ひとりが正しい道を進むのはむずかしいことではない。むずかしいのは、正しいと思うことを、世のなかに広めていくことだ」
　孔子は、いくつになっても、人びとのためにいっしょうけんめいに生きつづけようと考えました。どんなに年をとっても、一歩一歩前に進むことを忘れませんでした。
　また、自分が生きているあいだに、いっぺんに世のなかをよくすることなど、できるはずがないということも知っていました。だから、弟子たちにおおくのことを教え、弟子たちが、つぎの世のなかをよくしてくれることをねがいました。

●日本人にも広く読まれた『論語』

　孔子は、紀元前479年に72歳で、学問にうちこんだ生涯を終えました。弟子たちの数は3000人を超えていたといわれ、孔子の教えは、その弟子たちによって、の

ちの世に受けつがれました。孔子の教えにはじまった儒教は、そのご長いあいだ、中国の政治や学問のなかでたいせつにされ、弟子たちが孔子の教えをまとめた『論語』は、日本人にも広く読まれてきました。
「すぐれた人は、いつも、まず正しいことを考える。心のまずしい人は、いつも、利益だけを考えて行動する」
「すぐれた人は、失敗すると、まず、自分を反省する。心のまずしい人は、なんでも、人の責任にしてしまう」
　孔子が、いまも偉人としてあおがれるのは、そのことばのなかに、いつになってもかわらない真理がひめられているからです。

ソクラテス
（前470ころ―前399）

無知の自覚、自分自身を知ることのたいせつさを説いて、西洋哲学の基礎をきずいた人。

●目だけは美しいはだしの男

いまから2400年以上まえ、ギリシアの中心地アテネに、いつも、そまつな衣類を身につけ、寒い冬の日もはだしで町を歩いている男がいました。大きな鼻の穴が上をむいた顔はみにくく、歩きかたは、アヒルににていました。でも、目だけは美しく光っていました。

男は、ときどき立ちどまっては、目をとじて考えます。ときには、なん時間でも考えつづけます。

また、町かどで、だれとでも議論をします。自分の考えを、人に教えたり、おしつけたりするのではありません。議論をしながら自分も考え、相手にも考えさせるのです。

ある日、男は、ひとりの青年に問いかけました。
「人間は、幸福になるために、どんなものをほしいと

思っているのだろうか。健康や、お金だろうか」
「どちらも、ほしいと思うでしょう」
「地位や、権力や、名誉はどうだろうか」
「どれも、あったらよいにちがいありません」
「では、健康なからだも、お金も権力も、使わなかったらどうだろうか」
「使わなければ、なにもなりません」
「そうか、使えば幸福になれるのだな」
「幸福になれると思います」
「では、人がそれを不正に使ったらどうだろう」
「不正はだめです。正しく使わなければいけません」

「なるほど、そうすると、正しく使う知識をもっていないと、だめだということだな」
「そのとおりだと思います」
「そうすると、人間が幸福になるためにいちばんたいせつなものは、お金や地位や権力ではなく、ゆたかな知識だということになるわけだ」

やがて、男と青年は、肩をたたきあって別れました。

この男こそ、古代ギリシアの大哲学者ソクラテスです。

●人間の正しい生きかたをもとめて

ソクラテスは、紀元前470年ころ生まれました。父は彫刻家、母は助産婦でした。

このころのアテネは、ひとつの都市がまわりの土地を支配する、ポリスとよばれる都市国家でした。すぐれた海軍をもつ強国でしたが、国じゅうに民主主義の考えがあふれた自由な国でした。

ソクラテスは、その自由な空気をすいながら、あるときは彫刻家になることを考え、またあるときは、詩人か音楽家になることを夢にいだいて大きくなりました。20歳をすぎると、アテネに集まる外国の学者から地球や宇宙の話を聞いて、科学にむちゅうになったこともありました。

　でも、ある学者は地球は丸いといい、ある学者は平らだというのを聞いているうちに、真実がひとつなら、おおくの学者はうそを信じていると考えるようになり、科学を学ぶ心をすててしまいました。
　30歳ちかくになったソクラテスは、こんどは哲学を学ぶようになりました。
　このころのアテネには、自分をソフィスト（ギリシア語で、かしこい人という意味）と名のる学者がたくさんいました。そして、いろいろな知識をもつソフィストたちは、お金をもらって、苦しみやなやみをもつ人たちに、さまざまなことを教えていました。

ソクラテスは、このソフィストの話を聞いているうちに、科学の世界よりも、人間の心の世界のことを考えるようになったのです。でも、ソフィストたちのように、お金をもらって生活をたてることを考えたのではありません。ソクラテスが心にきめたのは、人間の正しい生きかたを、どこまでも追求していくということでした。
「人びとは、いろいろな考えをもっている。でも、真理はひとつしかないはずだ」
　ソクラテスは、真理をさがすために、人がたくさん集まるところへでかけて行って、だれとでも話をしました。人から、おまえの考えはまちがっているといわれても、けっして、おこりませんでした。いつも、自分はまだまだ知識のたりない人間だと思っていたからです。
「ソクラテスは、自分の知識をいばらず、いつも、美しい心で人間をみつめている、すばらしい哲学者だ」
　やがて町の人びとは、はだしの、まずしい身なりをしたソクラテスを、心からしたうようになりました。

●わたしはかしこい人間ではない

　ソクラテスは、ただ哲学を学ぶだけの、よわよわしい男ではありませんでした。生まれつき健康なからだをもち、生涯のうちになんども戦争に行って、人をおどろか

せるほどのてがらをたてました。

　ある戦いで、味方が負けて退却したときのこと。ほかの兵隊たちはまっ先ににげていくなかで、ソクラテスだけは、ゆうゆうと、敵をにらみつけながら、あとへさがりました。そのため敵はおそれをなし、おかげで味方は全滅からすくわれました。

　これは、ソクラテスが、すばらしい軍人だったからできたのではありません。ソクラテスに、ものごとを落ちついて判断する力があったからできたのです。

「人間は、どんなときでも、あわててはいけない」

　つねに正しいことを追求するソクラテスには、よく見

て、よく考えることが、しっかり身についていました。

やがて40歳ちかくなり、哲学者ソクラテスの人気がますます高まると、お金や地位や権力をほしがる人たちが、かげで悪口をいうようになりました。

「あいつは、きっと頭がおかしいんだろう」

これを聞いておこったのは、ソクラテスを心から尊敬する人たちです。そして、ひとりの青年が、ギリシア第1の神に、この世にソクラテス以上のかしこい人がいるかどうか、うかがいをたてました。すると、神のおつげは「ソクラテスよりかしこい人はひとりもいない」ということでした。

よろこんだ青年は、その神のおつげをソクラテスに伝えました。

ところが、ソクラテスは、よろこぶどころか悲しい顔をして「神のおつげはまちがいだ。わたしよりかしこい人は、たくさんいるはずだ」と答え、自分よりかしこい人をさがしに旅にでました。人びとにどんなに尊敬されるようになっても、ソクラテスは、自分はまだまだ無知だと思っていたからです。

● たいせつなことは無知の知

ソクラテスは、人びとに知られているギリシアじゅう

の、かしこい人をたずねて歩きました。そして、人間が生きるためのさまざまなことについて、議論をくり返しました。
「人間が正しく生きるためには、なにが、いちばんたいせつでしょうか」
「うそをつかないことだ」
「それでは、戦争で敵につかまってしまったとき、敵に聞かれれば、味方のようすをしょうじきに話してしまうほうが正しいのでしょうか……」
「うーん、それは……」
　ソクラテスは、このように自分の疑問をぶつけて、か

しこい人に教えをもとめました。
　すると、かしこい人たちは、きまって最後には、それ以上は自分にはわからない、といいだしてしまいました。でも、かしこい人たちは、そんなことはわからなくてもよいという顔をして、やはり自分はかしこい人間だと思いこんでいました。
「えらいと思われている人たちが、人間として知っていなければならないことを知らないのは、どういうわけなのだろう」
　ソクラテスは、かしこい人たちの無知にがっかりして考えこみました。そして、考えに考えて、かしこい人と自分とが違う、たったひとつのことを思いつきました。
「たいせつなことを知らないということでは、かしこい人もわたしも同じだった。でも、かしこい人たちは、自分の無知に気づいていない。しかし、わたしは、はじめから自分は無知だということを知っている。自分の無知を知っているだけ、わたしのほうがかしこいのかもしれない。神が、ソクラテスがいちばんかしこいといわれたのは、この違いを知っておられたからではないだろうか」
　ソクラテスは、人間が自分の無知に気づくことのたいせつさを見きわめて、すくわれた気持ちになりました。そして、人びとに無知をさとらせるのが、これからの自

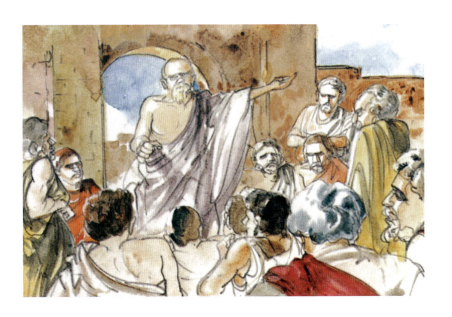

分に与えられたしごとだと、考えるようになりました。

●政治家ににくまれて死刑に

「人間は、自分を知ることがたいせつだ」
　ソクラテスは、まずこれを人びとに語りかけました。
　おおくの人びとは、自分にできることとできないことを見わけるのを忘れている、と考えたからです。自分のほんとうの性格や能力を知らないものは、なにをやってもうまくいくはずがない、と信じていました。
　とくに、自分がなんでも知っているかのようにいばっている政治家には、きびしいことばで無知をさとらせよ

うとしました。不正な政治がおこなわれると、おおくの国民がめいわくを受けるからです。

ところが、政治家や役人は、しだいに、ソクラテスをにくむようになりました。また、ソクラテスが、かしこい人たちをたずねてあるいたとき、議論をして最後には答えられなかった人たちも、腹だちまぎれに、やはり悪口をいうようになりました。

「ソクラテスは、青年たちに悪いことばかり教えて、国をみだす男だ」

やがて、こんなうわさが流れ、ソクラテスは、とうとう役人にとらえられて裁判にかけられました。

無実の罪です。でもソクラテスは弁護士をことわり、罪をさばく人たちの前で、どうどうと自分の意見をのべました。

「わたしは、真理を見つめないで眠っている人を、ゆり起こそうとしただけだ。それが、なぜいけないことなのか。みなさんは、お金や名誉のために、真理から目をそらそうとしている。それでは国はほろびてしまう。わたしをもし死刑にすれば、みなさんは、死刑よりももっと重い罰を受けることになるだろう」

ソクラテスは、重い罰をのがれるために頭をさげるようなことはありませんでした。自分が罰を受けなければ

ならない理由は、なにひとつなかったからです。
　しかし、裁判のけっか、ソクラテスは死刑をいいわたされ、ろう獄につながれてしまいました。

●脱獄をことわりしずかに毒をのむ

　ソクラテスを尊敬する人たちは悲しみました。そして死刑が近くなったある日のこと。
「番人をまるめこみました。早く逃げてください」
　たずねてきた友人が、脱獄をすすめました。
　ところが、ソクラテスは、逃げようとはせず、友人にしずかにいいました。

「友情は、ほんとうにうれしい。でも、わたしは脱獄はしない。人間は、だれでもいつかは死なねばならないし、それに、長く生きのびるよりも、よく生きることのほうがたいせつだ。わたしがいま考えているのは、残された時間を、どのようにしてよく生きるかということだけだ。わたしには罪はない。しかし、どんな悪法でも国の法律でさばかれた以上、それにそむくことはできない。わたしは、いつでも毒をのむかくごはできている」

これを聞いた友人は、もう二度と脱獄をすすめませんでした。ソクラテスの美しい目を見て、ますます尊敬の心を深くするばかりでした。

いよいよ死刑の日、ソクラテスは、役人が毒薬を持ってあらわれると、毒ののみかたを聞き、友人たちが見まもる前でお茶でもすするようにして、さかずきの毒をのみほしました。

「アスクレピオスという人に、ニワトリをあげる約束をまだはたしていません。忘れないであげてください」

これが、ソクラテスの最後のことばでした。

「こんなにしずかに毒をのんだ人を見たのははじめてだ。ソクラテスは、やはり偉大な哲学者だった」

ソクラテスの眠るような死を見て、友人たちも役人たちも、清らかな70歳の生涯を終えたはだしの哲学者を、

心からほめたたえました。

　ソクラテスには、書き残したものはありません。しかし、真理を愛した心は、弟子のプラトンやクセノフォン、さらにプラトンの弟子のアリストテレスらによって受けつがれ、人類の精神の発達に大きなえいきょうを与えてきました。

「人間は、まず自分自身を知れ。そして、自分がどれくらいものを知らない人間であるかを知れ」

　ソクラテスは、欲望にまどわされずにほんとうの自分を知り、無知を自覚してこそ真理を求めうるのだということを明らかにして、西洋哲学の基礎をつくりました。

モーゼ （前1350ころ―前1250ころ）

　紀元前20世紀ころ、イスラエル人はアブラハムをリーダーとして、カナン（今のパレスチナ地方）に移り住みました。ところが、しばらくするとたいへんな日照りがつづいて、食べ物がなくなってしまいました。しかたなく、イスラエルの人びとはカナンをあとにします。長いさすらいのはてに、エジプトにやってきたのですが、ほっとしたのもつかのま、またもや苦しみが待ちうけていました。新しい国王ラメス2世が、イスラエル人を牛馬のようにこきつかいはじめたのです。イスラエルの人びとは苦しい生活のつづくなかで、むかし先祖が楽しく暮らしたというカナンへの思いがつのりました。それは、紀元前14世紀のころのことです。モーゼは、ちょうどそのころのエジプトにイスラエル人の子どもとして生まれました。
「イスラエル人の男の赤ん坊をみな殺しにしてしまえ」
　新しい国王の命令です。母親は、生まれてまもないモーゼをかごに入れ、ナイル川のアシのしげみにかくしました。運よく通りかかった女王に拾われたモーゼは、たいせつに育てられ、やがてたくましく成長しました。
　成人したモーゼは、自分がイスラエル人であることを知りました。毎日、エジプト人にどれいのように扱われているイスラエル人を見て、やりきれない思いでいっぱいです。そんなある日、なぐられているイスラエル人の友だちを助けようとして、モーゼはエジプト人を殺してしまいました。もう町には住めません。あちこちをさすらったあげく、町から遠くはなれた地方で、モーゼは羊飼いになりました。

　ある日のこと、いつものように羊を追って近くのシナイ山にやってくると、とつぜん神の声が聞こえました。
「わたしはイスラエル人の神ヤーウェだ。あなたは苦しんでいるイスラエル人のリーダーとなり、エジプトを出て、カナンの地へと向かいなさい」

　モーゼは、すぐにみんなをつれて、ひそかにエジプトをのがれました。しかし海岸までやってきたとき、ふり返るとエジプト軍がせまっています。モーゼは海に手をさしのべ神に祈りました。すると海が割れ、道があらわれました。渡ってしまうと追ってきたエジプト軍は波にのまれてしまいました。困難は次から次へとやってきましたが、神に守られて、モーゼはイスラエルの人びとを、ぶじカナンの地へとみちびくことができました。こうしてヤーウェの神はイスラエル民族の神に高められ、キリスト教のもとであるユダヤ教の土台ができたのです。

ピタゴラス（前580ころ―前500ころ）

「直角３角形の、ななめの線を１辺にしてつくった正方形の面積は、ほかの辺をそれぞれ１辺にしてつくった、ふたつの正方形の面積をたしたものにひとしい」

これを、数学の「三平方の定理」といいます。また、発見者の名まえをとって「ピタゴラスの定理」ともよばれています。

この定理で名高い古代ギリシアの数学者ピタゴラスは、紀元前580年ころ、エーゲ海に浮かぶサモス島に生まれました。ピタゴラスは子どものころから勉強が大すきで、やがてりっぱな学者になりました。

前530年ころ、南イタリアのクロトンに移住しました。そして、宗教と科学を学ぶピタゴラス教団をつくり、規律正しい生活のなかで、すばらしい考えをまとめていきました。

「ものの根本は数だ。自然も社会も、すべて数によってつりあいがとれ、ちつじょがたもたれている」

ピタゴラスも弟子たちも、このように考えていました。そこで、ものごとの真理を追究する学問として数学を学び、数のなりたちや数と数との関係をさぐりつづけました。

発見されたのは「三平方の定理」だけではありません。３角形の内角の和は180度になることや、数は奇数と偶数にわけられることなど、面積・角度・線・数のさまざまな法則を明らかにして、こんにちの数学のきそをきずきました。

「音楽の音の高さも、数できまっているにちがいない」

ピタゴラスは、人間の魂を清めるものとして音楽を愛し、その音の高さも数学で研究しました。そして、楽器の同じ太さ

の弦の長さを半分にすると音は1オクターブ高くなることなど、音楽もやはり数とふかい関係があることを発見しました。

このほか、教団では天文学も研究して、地球は自分で回転しながらほかの天体のまわりを回っていることを、すでに考えた人もいたということです。

クロトンの町の教団は、のちには、上流社会の人だけが支配する貴族主義の政治にさんせいするようになったため、それに反対する人びととあらそうことになり、ピタゴラスはとなりの町のメタポンチオンにのがれて、その地で亡くなりました。

ピタゴラスは、自分の考えや研究の成果を、教団のそとにはなにひとつ発表しませんでした。しかし、のちにギリシアへ帰ったおおくの弟子たちによって広く伝えられるようになり、ソクラテスやプラトンなど古代ギリシアの哲学者たちに、大きなえいきょうを与えました。

プラトン と アリストテレス
（前427―前347）　（前384―前322）

　ギリシアでは、すでに紀元前776年から、ゼウス神の祭りとして古代オリンピックが開かれていました。また、同じころから、芸術や科学や哲学がさかえはじめていました。

　プラトンも、アリストテレスも、この古代ギリシアが生んだ大哲学者です。

　プラトンは、紀元前427年に貴族の子として生まれ、おさないときから、文字のほかに詩や絵や音楽などを学びました。ゆたかな教養を身につけて政治家になるのが夢でした。

　ところが、20歳のころ偉大な哲学者ソクラテスにめぐりあって哲学を学ぶようになり、やがて10年ののちに、ソクラテスが無知な政治家たちにさばかれて死刑になるのを目のまえに見てからは、政治家になる夢をすててしまいました。正しいことがおこなわれない政治に疑問をもち、政治家になるよりも、人間のほんとうの生きかたを考える哲学を学ぶほうがたいせつだ、と信じるようになったからです。

　そのごのプラトンは、アカデメイアとよばれた学校を建てて、真理の探求と若い人たちの教育に生涯をささげました。また、『ソクラテスの弁明』など、尊敬していたソクラテスの教えを数おおく書き残しました。

　アリストテレスは、プラトンよりも43年あとの紀元前384年に医者の子として生まれ、早くから、学問の道に進むことを心にきめていました。

　17歳のとき、アリストテレスはプラトンのアカデメイアに入りました。そして、はじめは弟子として、のちには協力者と

ラファエロ画『アテネの学堂』より

してプラトンに代わって生徒たちを教えながら、20年間をここですごしました。

先生のプラトンが死んでからは、おさなかったアレクサンドロス大王の家庭教師をつとめたのち、自分でもリケイオンとよばれた学校をつくって弟子たちとさまざまなことを学び、「すべての学問の父」とたたえられるほどになりました。

ソクラテスがいなければ哲学者プラトンは生まれず、プラトンがいなければ、学問の父アリストテレスはあらわれなかったかもしれません。

「人間は、ものごとをよく知ることを愛し、世の中のほんとうのことをとらえて、生きていかなければならない」

これが、古代ギリシアの哲学者たちが、いちばんたいせつにしたことでした。プラトンやアリストテレスが教えた真理は、2000年を越えたいまも、かわりがありません。

アルキメデス (前287ころ―前212)

　長ぐつの形をして、地中海につき出たイタリア半島のつま先に、シチリア島があります。いまから約2300年もむかし、古代ギリシア最大の科学者アルキメデスは、この島の東海岸にあるシラクザという町で生まれました。

　父親は天文学者です。幼いアルキメデスは、父のやっていることをまねして、自然を観察したり、実験のための道具をつくるのにむちゅうです。「こうしたら父さんの教えてくれたのよりうまくいくはずだ。ためしてみよう」思いついたことは何でもやってみないと気がすみません。やがて成長して、りっぱな青年になるころには、父の教えることは何もなくなってしまいました。「どうだい、アルキメデス。エジプトのアレクサンドリアにでも留学してみないか」アルキメデスは大喜びです。

　アレクサンドリアは、当時、文化の一大中心地でした。アルキメデスは「ムセイオン」とよばれる最高の研究所に入って、ユークリッド幾何学をはじめ学問の基礎をしっかりと身につけました。けれども机に向かってばかりいたわけではありません。もともと、学んだことを実験したり、応用してみて確かめないと納得のいかないたちです。幾何学のらせんを応用してつくった水をくみ上げるしくみは「アルキメデスのらせん」とよばれ、いまでもエジプトで利用されています。

　留学から帰ると、数学や物理学の本をつぎつぎと書きました。シラクザ王ヒエロン2世と、実力を認められて宮廷への出入りを許されたアルキメデスについて、いろいろな話が伝わっています。「支点さえあれば地球を動かしてみせます」と王に語った

という話、たくさんの人が乗った大きな船をひとりで動かした話、「アルキメデスの原理」で、有名な金の冠がにせものであることを見破った話などです。ほんとうにあったかどうかはよくわかりませんが、滑車やてこ、体積や重さなどについてアルキメデスがすぐれた考えをもっていたことをよく表わしています。

　第2ポエニ戦争（前218－前201）で、シラクザはカルタゴがわにつき、ローマ軍に攻めこまれました。アルキメデスは工夫をこらした兵器を発明して敵を悩ませましたが、ある日、地面に図形を描いているところをローマ兵に殺されてしまいました。

　頭の中で考えるだけでなく、実際にやってみて確かめることをたいせつにするアルキメデスの方法は、およそ1800年ものちに、近代科学の父といわれるガリレオによってはじめて正当に評価され、理論と実験を二本柱とする現代科学へと受けつがれています。

始皇帝（前259—前210）

紀元前3世紀のおわりころ、中国はいくつもの国にわかれていました。それらの国をほろぼし、中国で初めての統一国家をきずいたのが始皇帝です。

紀元前247年に秦の襄王が亡くなり、13歳の王子政が王位をうけつぎました。政王がじっさいに政治を手がけるようになったのは、23歳のときからです。それから38歳までに、韓、趙、魏、楚、燕、斉の国ぐにをつぎつぎにほろぼして、中国のほとんどを秦の領土にしてしまいました。紀元前221年、天下をまとめた政王は、みずから「皇帝」というよびかたを考え、いちばんはじめの皇帝という意味で「始皇帝」と名のることにしました。こうして中国は、歴史のうえで初めて大きく統一され、皇帝は、そのご2000年以上もつづくことになりました。

始皇帝は、まず、全国を36の郡にわけ、その下に県をおき、県から郡、郡から中央の政府に、権力が集まるしくみをつくりました。文字も統一しました。なん億人もいる大きな中国が、これまでに政治や文化でまとまってきたのは、秦の時代から文字が同じであったおかげでしょう。始皇帝は、巡幸といって、領土のあちこちにでかけていきました。皇帝の威厳をしめすためでもありましたが、これによって道路づくりがすすみました。北方に巡幸したときは、匈奴という敵に大軍をむけて追いはらい、二度と攻めこんでこないように、万里の長城をきずきました。えんえん2400キロメートルにもおよぶ城壁です。

皇帝の専制政治をすすめるためには、批判をさせたり、反乱をおこさせてはならないと考えました。そこでまず、人民の武

器をとりあげてしまいました。そして、思想を統一するため、法家（政府がもちいた学問）いがいの教えを書いた書物は、ぜんぶやきすてさせました。学者たちは抗議しました。始皇帝は、抗議するものをかたっぱしからとらえて、460人あまりを生きたまま穴埋めにしてしまいました。「焚書坑儒」といって、始皇帝の歴史にのこる悪政です。人の意見に耳をかさず、自分の思いどおりにすすめる始皇帝の政治は、だんだんひどくなっていきました。都に阿房宮というぜいたくな大宮殿を建てたり、驪山にりっぱな自分の墓をつくったりしました。

　これらはみな、人民の血と汗となみだによって、なしとげられました。工事にかりだされ、税をしぼりとられて、人びとは苦しみ、皇帝をうらみました。

　やがて始皇帝が亡くなると、各地で反乱があいつぎ、わずか3年にして秦はほろんでしまいました。

武帝（前156―前87）

中国に、紀元前202年からおよそ200年つづいた、前漢とよばれた時代がありました。

武帝は、この前漢のはじめのころの皇帝です。紀元前141年にわずか16歳で帝位について54年のあいだ国をおさめ、中国を、それまでにない大きな国に育てあげました。

「国の政治を、ひとつにまとめなければならない」

武帝は、まず、地方の政治をかんしさせる役人をふやし、さらに、きびしい制度や罰をもうけて、国内で勢力をふるおうとしている武将たちをおさえつけてしまいました。また、儒教を国の学問に定め、これを学んだものだけを役人にとりたてる制度もつくり、国の政治がちつじょ正しくおこなわれるようにしました。

「敵をほろぼし、国を守らなければならない」

国内をしずめた武帝は、長いあいだみつぎものを取られて頭をさげてきた匈奴と、およそ10年にわたって戦い、うらみのこもったこの強敵を、ゴビ砂漠の北のほうへ追いはらってしまいました。

武帝は、匈奴をほろぼした威力で西のほうの国ぐにと交わりを結び、のちにシルク・ロード（絹の道）とよばれるようになった、ヨーロッパとアジアとの交易の道をひらきました。そして、いきおいにのった武帝は、さらに東や南にも遠征し、朝鮮やベトナムの北部までも従えるようになりました。

ところが、国を広げることと外交に力を入れすぎたため、やがて財政がみだれてしまい、武帝は、国の金をふやすために塩

や鉄の生産を商人の手から取りあげてしまいました。また、国民の税金を重くし、その取りたてをきびしくしました。

しかし、その結果は、国の金はゆたかになったかわりに、貧しさに苦しむ商人や農民が国じゅうにあふれ、武帝の政治はしだいにおとろえてしまいました。

武帝がおこなったのは、皇帝の権力をふりまわした専制政治とよばれるものでした。国民ひとりひとりのしあわせをたいせつにする、民主主義の政治ではありませんでした。

でも、武帝が、いつおそいかかってくるかもしれない匈奴をうちやぶって国を守ったことは、いまも中国の人びとにたたえられています。

武帝が東のほうまで勢力を広めたことは、日本にとってもさいわいなことでした。日本と中国は近くなり、やがて中国の文化が日本に伝わってくるようになりました。

張騫（？—前114）

前漢の時代に、皇帝特使として中央アジアにある西トルキスタンの大月氏国まで旅行した張騫は、それまでに知られていなかった西方の国ぐにのようすを、くわしく中国につたえました。そして、シルク・ロードが開通するきっかけをつくりました。

紀元前141年、漢の第7代皇帝となった武帝は、まず、匈奴という敵をたたきつぶそうと考えました。匈奴は、モンゴル系の強い騎馬民族です。中国の北方から万里の長城をこえて攻めこんできたり、西の甘粛地方にいた遊牧民族の月氏を追いはらったりして、勢いをふるっていました。武帝は、追われた月氏も匈奴をにくんでいることを聞き、その月氏と手を組んで匈奴をはさみうちにする計画をたてました。そこで、月氏への使者にえらばれたのが張騫です。張騫は陝西省出身の役人で、体つきのがっしりした、うでっぷしの強そうな男でした。西域のかなたにある大月氏国へいくには、どうしても匈奴の領地をつきぬけていかなければなりません。いのちがけのぼうけんです。

紀元前138年、武帝の命をうけた張騫は、100人ほどの使節隊員をひきつれて西へ出発しました。しかし、甘粛地方にはいったとたん、匈奴の兵につかまってしまいました。匈奴の王は、漢が月氏と手を組もうとしているのをみぬいていましたので、張騫たちをほりょとして領内にとどめました。張騫は、妻をあたえられ、子どもまでできましたが、武帝の命令はわすれませんでした。にげだすチャンスをうかがいながら、10年をすごし、そしてついに、いく人かの部下をつれて脱出しました。騎馬兵に追われ、ひっしで馬をとばしました。西へ、西へ、なん十日

も走りつづけて、ようやく、大宛という国へのがれました。
　大宛の王は、張騫たちをかんげいし、康居国をへて大月氏国へおくってくれました。ところが月氏は、国がゆたかに栄えていましたから、もう、匈奴と戦うことなど考えなくなっていたのです。苦労してやってきた張騫は、使命を果たせず、がっかりしました。そのかわり、西方の国ぐにの生活ぶりなどを、くわしく見聞きして帰りました。
　紀元前126年、匈奴人の妻と部下一人をつれた張騫が、13年ぶりに漢の都へもどってきました。もう帰るまいとあきらめていた武帝は、張騫の報告を聞いておどろきました。張騫は、中国と貿易をしたがっている中央アジアや西アジアの国ぐにと、まじわるべきであると進言しました。武帝はそれをうけいれ、張騫を西方への道をひらく役につかせました。こうして漢の国は、東西貿易に力をそそぐことになりました。

「読書の手びき」

シャカ

さとりをひらいたシャカが、教えを広める旅のとちゅうにふるさとの国に立ち寄ったとき、町の人びとは、そまつな衣をまとい、はだしで物乞いする、かつての王子のすがたに、はじめはおどろいたにちがいありません。しかし、人びとは「心のまよいを捨てよ」「我欲を捨て去れ」と説く、シャカの澄んだ声を耳にしたとき、いかなる王にもまさる気高さに、思わずこうべをたれました。シャカのからだから発する光のなかに、権力や地位や富などとは、とてもくらべものにならない偉大さを認めたからです。わたしたち平凡な人間は、このシャカの教えを、そのまま自分のものにすることは、とてもできません。でも、「人間の価値は心の美しさできまるのですよ」「人間は自分のことばかり考えてはいけませんよ」くらいのことは、心がけひとつで、自分のさとりとすることができます。シャカの教えは仏教です。真理だからこそ、人は仏教に救いを求めるのではないでしょうか。

孔子

孔子は、礼儀を重んじる厳格な人でしたが、子どもたちからは、たいへんしたわれたということです。それは、人を愛することと、やさしい心をもつことを、いつもたいせつにしていたからにちがいありません。孔子のことばを記した『論語』が25世紀もの長いあいだ読みつがれているのは、人間らしい心のもちかたを中心に、人間が守るべき徳を、味わい深く説いているからです。しかも「君子は言に訥にして行ないに敏ならんことを欲す」といっているように、どの教えも口先だけで説いたのではなく、自分の実践をとおして真実を語りかけているからです。「えらい人間にはなれなくても、人に尊敬される心のやさしい人間になら、だれでもなれる」とは、なんとすばらしい教えでしょうか。シャカが、人間は自分